AF279391

Para todos los niños del mundo que quieran conocer lo que sienten, poner nombre a esos sentimientos y así poder gestionarlos.

Para los padres, para que puedan entender mejor a sus hijos, darles el espacio y el tiempo que necesiten, y acompañarlos en este proceso tan bonito.

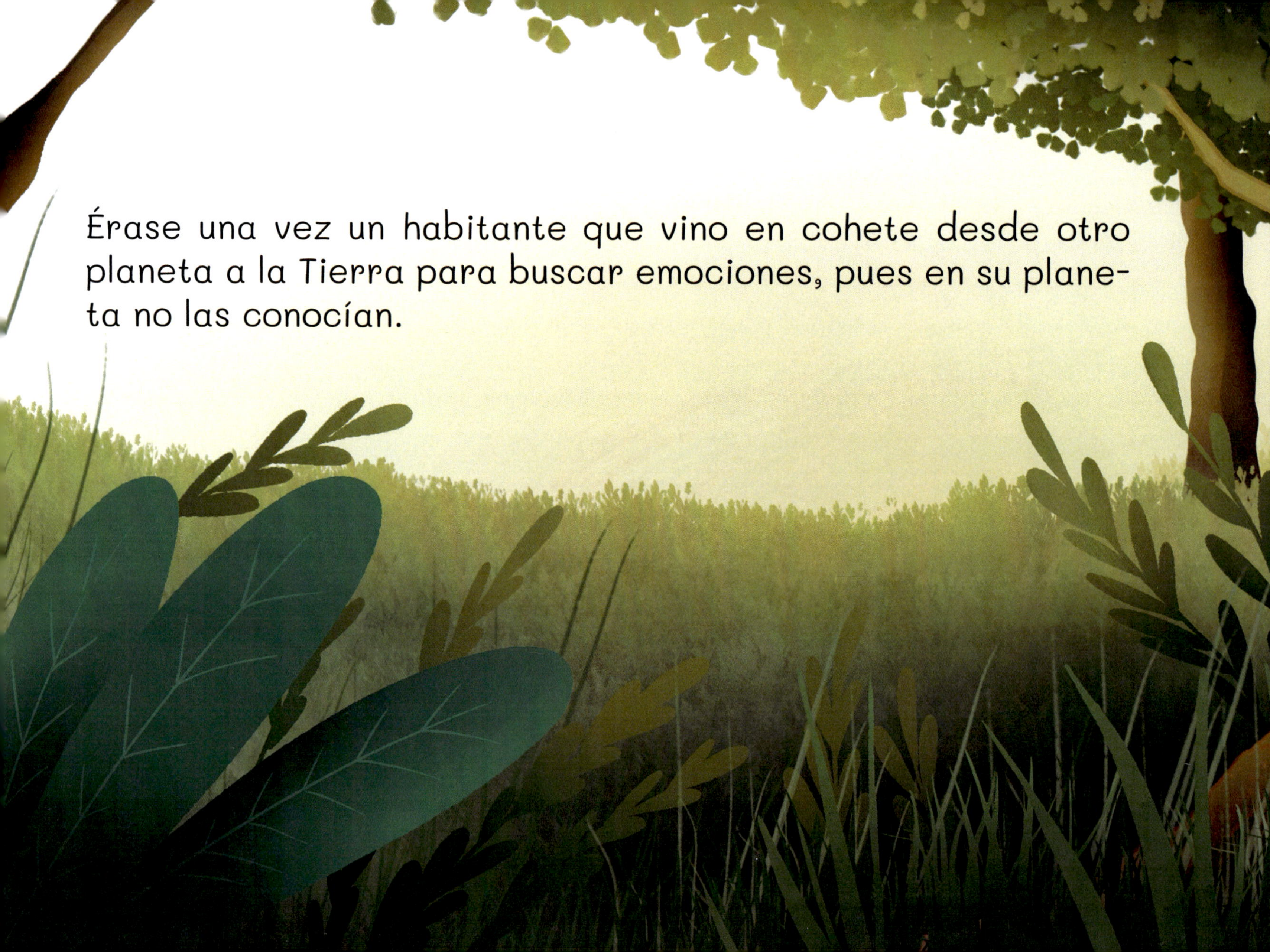

Érase una vez un habitante que vino en cohete desde otro planeta a la Tierra para buscar emociones, pues en su planeta no las conocían.

Caminando sin rumbo, fue el habitante a parar a una aldea donde estaban unos niños jugando, se acercó a ellos y les dijo:

—¡Hola! ¿Podéis ayudarme? Me han enviado a la Tierra a conocer las emociones, pero no sé cómo hacerlo.

—¿Cómo te llamas? —preguntó un niño.

—No tengo nombre, en mi planeta me llaman H25.

—Entonces, lo primero de todo es ponerte un nombre terrestre, te llamaremos Birlochito, ¿te parece bien?

—Es un nombre muy bonito —dijo el habitante—. Perfecto, me llamaré Birlochito.

—¿Quieres jugar con nosotros?

—Me encantaría —contestó Birlochito.

Y, de repente, algo muy bonito recorrió su cuerpo, era la **alegría**, la primera emoción que sentía. Los niños le explicaron que eso sucede cuando alguien se encuentra a gusto, cuando le apetece hacer algo con todas sus fuerzas o cuando le pasa algo bonito a una persona que él quiere mucho.

Estaban jugando a la pelota cuando Juan la lanzó tan fuerte que llegó hasta otra niña que pasaba por allí. Birlochito fue a por ella, pero la niña le dijo que se la había encontrado y no se la daba.

De pronto, empezó a subir la temperatura de su cuerpo y su cara se puso roja como un tomate, conociendo así la **ira**. Sus amigos le explicaron que eso sucedía cuando pasaba algo que no le gustaba, que era un sentimiento desagradable y que se iba cuando hablaba con la otra persona.

—Quizás antes de hablar con esa niña para que nos devuelva la pelota necesites respirar cinco veces muy profundo —dijo Juan.

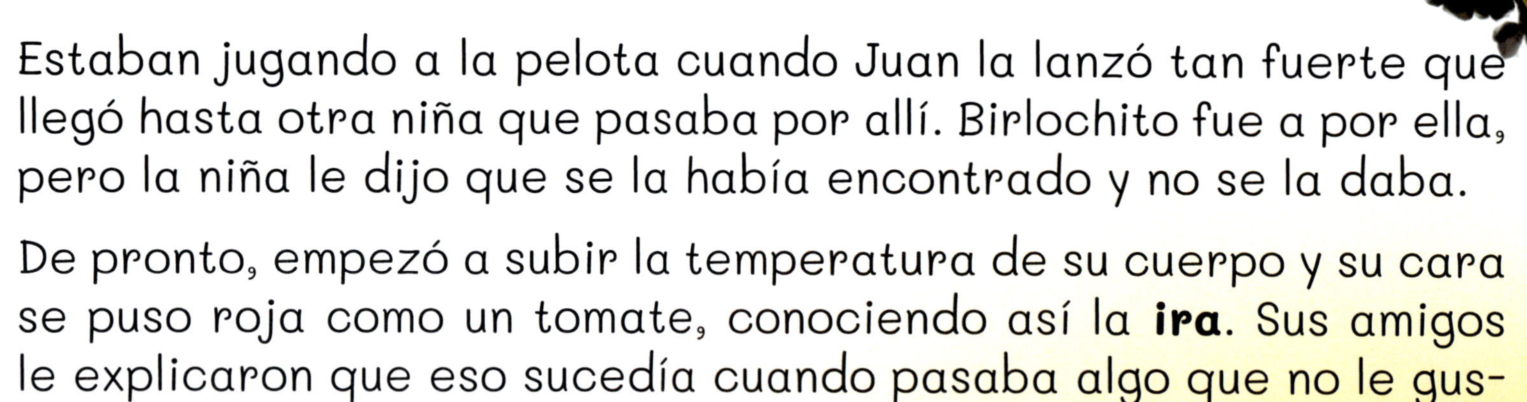

Y así hizo Birlochito, llenó sus pulmones de aire respirando fuertemente por la nariz y después echó el aire por la boca, cuando logró hacerlo cinco veces ya se encontraba mejor y le dijo a la niña:

—Esa pelota es de mis amigos, ¿me la puedes devolver para que sigamos jugando?

Sin dudarlo ni un momento, la niña le devolvió la pelota. Birlochito le preguntó:

—¿Quieres jugar con nosotros?

La niña, que se llamaba África, se puso muy contenta y aceptó la invitación, pero pasado un tiempo, todos los niños jugaron con África y Birlochito se quedó apartado. De pronto, un nuevo sentimiento invadió su cuerpo, eran **celos**.

Sus amigos le explicaron que eso aparece cuando siente que ha perdido algo que quiere y que lo tiene otra persona. Le dijeron que ese sentimiento desaparecía cuando lograba cambiar su atención hacia otra cosa que le gustase, o cuando hablara con esas personas sobre lo sucedido. Y esto último fue lo que hizo Birlochito.

—Me gustaría jugar con vosotros, ¿me dejáis? —dijo Birlochito.

—¡Claro que sí! —respondieron todos a la vez.

Y, de repente, empezó a sentir, de nuevo, esa primera emoción que había conocido llamada **alegría**.

Empezaba a anochecer y la mamá de Juan le dijo que tenía que ir a casa a cenar, así que se despidió de sus amigos e invitó a Birlochito a su casa. Este aceptó gustosamente y Juan se puso muy contento de llevar a su nuevo amigo a casa.

Al entrar por la puerta su mamá recibió con los brazos abiertos a Juan, con un fuerte abrazo y un enorme beso. Al ver aquello, otra nueva emoción recorrió todo el cuerpo de Birlochito, como si fueran mariposas y así fue como conoció el **amor**.

Juan le explicó que esto sucedía cuando alguien, que te quiere, te cuida y se preocupa por ti.

—Mamá, este es un nuevo amigo, le hemos llamado Birlochito, ya que tiene un nombre un poco extraño que le pusieron en su planeta, ha venido a la Tierra a conocer las emociones y le estamos ayudando. ¿Se puede quedar a cenar? —preguntó Juan.

—Por supuesto —respondió la mamá—. Además, hoy he hecho sopa y estoy segura de que le gustará tanto como a ti.

Se sentaron todos en la mesa y comenzaron a cenar. Birlochito pasó la lengua por el plato cuando acabó, pues nunca había comido algo tan rico.

Al día siguiente, Birlochito y Juan fueron juntos a la escuela, pues quería que conociese todo lo que hacen allí: cantan canciones, juegan juntos, aprenden muchas cosas y, sobre todo, lo pasan genial.

Ya se acababa el tiempo de Birlochito en la Tierra, por lo que todos sus amigos decidieron hacerle una fiesta sorpresa que no se esperase. Estuvieron varios días preparándola porque tenían que organizar muchas cosas, como una mesa de chuches, música para bailar, llevar todos sus juguetes para compartirlos entre todos y hasta las familias iban a preparar una gran tarta.

La fiesta fue en el patio de Juan y cuando Birlochito llegó, una nueva emoción recorrió todo su cuerpo, era la **sorpresa**. Sus amigos le explicaron que eso sucedía cuando ve o vive algo que le gusta por primera vez.

Estuvo muy contento y feliz por todo lo que le prepararon sus amigos y por todo lo que había aprendido en la Tierra, pero llegó el momento de irse para poder enseñar todo lo que había sentido, así los amigos de su planeta también supieran qué son las emociones, que hay que sentirlas todas, quererlas y luego dejarlas ir si no nos gustan. ¡Las que nos gustan nos las podemos quedar para siempre!

Birlochito fue dando las gracias uno a uno a todos sus amigos de la Tierra y nuevamente otra emoción invadió todo su cuerpo, sentía ganas de llorar, era la **tristeza**. Sus amigos le explicaron que eso pasaba cuando dejas de ver a alguien que quieres, se te rompe un juguete o porque no puedes salir al parque a jugar.

—No te preocupes, Birlochito —le dijo Lara—, esta emoción pasará pronto porque iremos todos a tu planeta a conocer lo que hacéis allí.

Al final, Birlochito se fue muy feliz pensando en que pronto les volvería a ver.

©Catalina Pagán Jiménez (de la obra)
©Apuleyo Ediciones (de esta edición)
Primera edición en Apuleyo Ediciones: febrero 2025
Diseño de cubierta: Alejandro Rosas
Corrección: Aitor Andreu Guerrero
Maquetación: Alejandro Rosas
Ilustraciones: Paulo Habermann
Coordinación editorial: Isidoro Cidre González
info@apuleyoediciones.com
www.apuleyoediciones.com
ISBN: 978-84-1060-398-1
Depósito legal: H-460-2024

Hecho e impreso en España.